高校生からの

マルクス漫画講座

コリンヌ・マイエール＝作 アンヌ・シモン＝画
中島香菜＝訳
的場昭弘＝監修・解説

いそっぷ社

私の名前は
カール・マルクス
その昔、私は
こう呼ばれていた…
悪魔と！
資本主義を
死に追いやろうと
したからだ
人間を解放しなければならない
不平等から
貧困から
搾取から
失業から
C.V.
状況は何も
変わってない！
君たちが直面している危機は
私が経験したものとそっくりだ！
ならば
解決策は一つ
革命だ！

1818年5月5日
1818年、私はトリーアで生まれた
プロイセン王国の統治下にあったラインラントの小さな町だ
9人兄弟の三番目。ユダヤ教のラビの家系だ
当時、ユダヤ人には門戸が閉ざされた職業があった
父は弁護士になるために
ユダヤ教を捨てなければならなかった
息子よ、おまえはプロテスタントの洗礼を受けるんだ
…
VOLTAIRE
ROUSSEAU
宗教なんてどうでもいいよ！
それにぼくは人にぼくのことを決められたくない
決めるのは、ぼくだ！

世の中は変化していますね
世界初の電気モーターに世界初の鉄道…
進歩万歳だ！
親愛なるヴェストファーレン男爵、我々にはもっと自由が必要ではないでしょうか！
そうとも、改革だ！
イェニー、姉さんたちと遊びにいこうよ！
さあ、進め！
もっと速く！
カール、何かお話をしてちょうだいよ
はあ…
ぼくの言うとおりにすればね
暴君ね！
口を開けて、目を閉じて！

ああ、ゲーテ、
シェイクスピア、ホメロス…
詩人になりたい
カール、おまえは成績がいい。
私と同じように
法律をやりなさい
私は受け入れた。
おかげでトリーアを
離れることになったが…
すぐ戻るよ、イェニー！
1835年　ボン大学
かの地では、大いに楽しんだ
決闘をしたり、
夜間安眠妨害罪だ！
署まで来い！
BAR
逮捕もされた
私は哲学を知った。
なんたる衝撃！
4年前に死んだドイツ哲学の
偉大なる師、ヘーゲルを読んだ
ヘーゲルにとって
世界を支配するのは理性だ
したがって歴史は
ある流れをもっている
でも
どんな？

カール、あなた
だらしがないわよ。
もっと清潔にしないと
おまえの
将来が心配だ
ぼくは哲学が
やりたいんだ！
哲学なんて何の役にも立たないし、
プロイセン当局からも
にらまれてしまうわ！
まあ、様子をみるか。今は
一つのことしか考えられない。
イェニーと婚約することだ
彼女はトリーアいちの美人だ
あの子は
まだ
若すぎます
結婚すれば
落ち着く
だろう
カールは
賢いしな
プロテスタントの貴族が
ユダヤ人と結婚だと！
何てことだ！
それにまだ
学生じゃ
ないか！
ぼくが仕事に就いたら
イェニーと結婚します！
さよなら、ぼくの愛しい人

フォイエルバッハ：1804～72。ベルリン大学でヘーゲルに学んで深く傾倒した後、人間学の観点からヘーゲルの神学を批判した。「神が人間を創ったのではない。人間が神を創ったのだ」という主張で知られる『キリスト教の本質』などの著書がある。

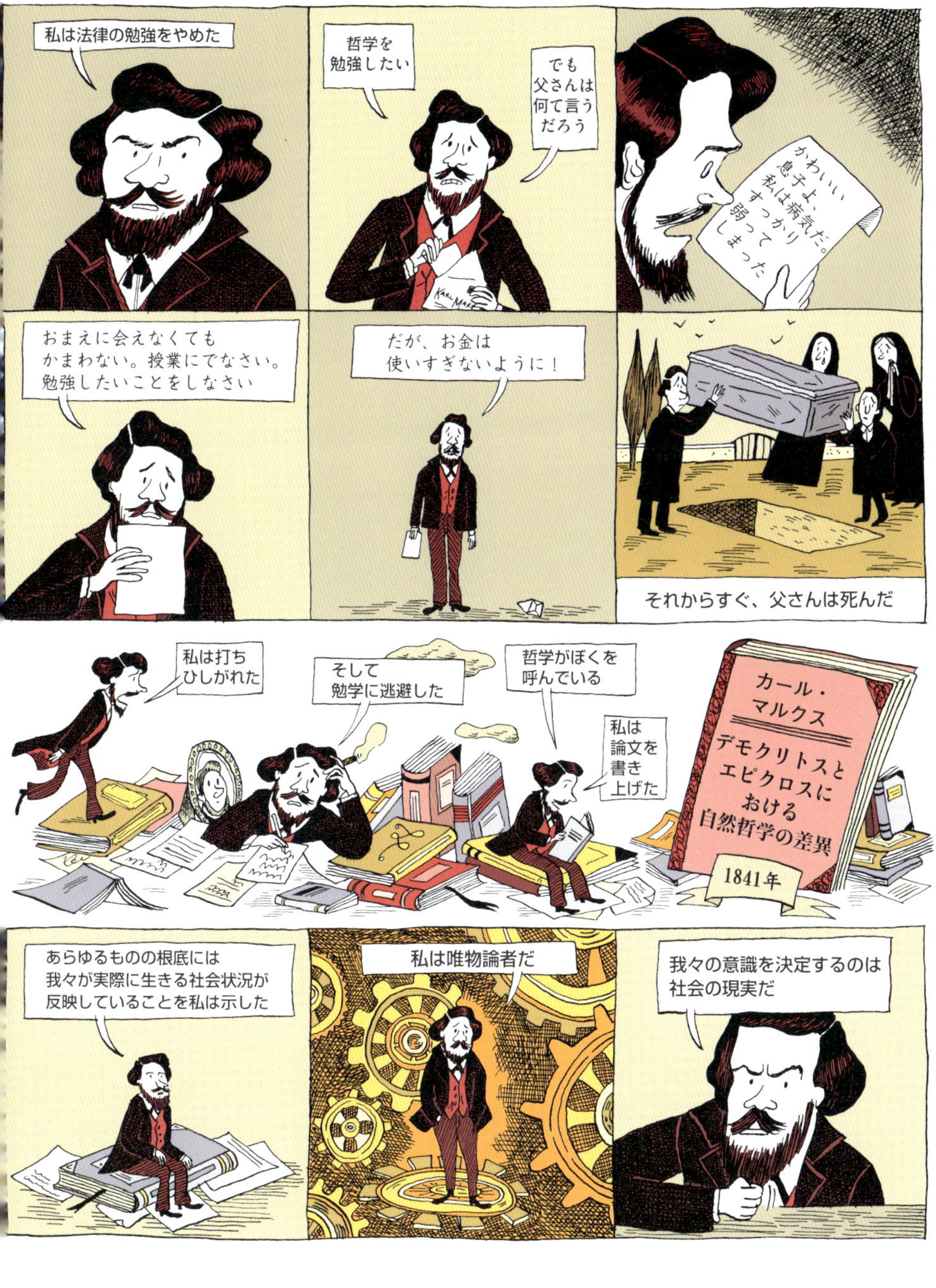

私は法律の勉強をやめた
哲学を勉強したい
でも父さんは何て言うだろう
かわいい息子よ、私は病気だ。すっかり弱ってしまった
おまえに会えなくてもかまわない。授業にでなさい。勉強したいことをしなさい
だが、お金は使いすぎないように！
それからすぐ、父さんは死んだ
私は打ちひしがれた
そして勉学に逃避した
哲学がぼくを呼んでいる
私は論文を書き上げた
カール・マルクス
デモクリトスとエピクロスにおける自然哲学の差異
1841年
あらゆるものの根底には我々が実際に生きる社会状況が反映していることを私は示した
私は唯物論者だ
我々の意識を決定するのは社会の現実だ

ブルーノ・バウアー：1809〜82。当初は正統的ヘーゲル派として神学を学ぶが、福音書批判をとおして無神論的な立場に変わる。1842年には教職をつとめたボン大学を追われ、同年末以降それまで親しかったマルクスとも決裂した。

青年ヘーゲル派：ヘーゲルの死後に、福音書の歴史を史実として受け入れるべきかどうかで分裂が生じ、否定した左派のグループをこう呼ぶ（右派に比べて青年の学者が多かったため）。やがて唯物的な立場から国家批判をおこなうようになる。

ファランステール：フーリエは、数百の家族が共有の農場や作業場で働きながら、自給自足の生活をするという理想の共同体「ファランジュ」を提唱した。「ファランステール」はそのために設置される大規模な集合住宅のこと。マルクスから「空想的社会主義」と批判されたフーリエだが、近年再評価の声があがっている。

カール！
イェニー、愛する人！
ライン新
貸室あり
もうこの国で新聞を発行することはできない
私たち結婚したのよ。どこにでもついてくわ！
お父さまは亡くなったし、あなたは家族と疎遠だし、ボンにいる理由は何もないわ
たくさんのドイツ人がフランスに亡命している
パリへ行こう！世界の知性が集まる街に！
数百もの新聞が発行され、ヨーロッパのどこの国よりも警官が少ない
革命について
民主主義について
共産主義について
自由に語れる
パリで友人のアーノルド・ルーゲと雑誌をつくるよ
その名も『独仏年誌』！
出発して！

バクーニン：1814〜76。無政府主義者として知られる。ヨーロッパ各地の革命に参加後、シベリア流刑。逃亡して第1インターナショナルに加入したが、マルクスと対立し、除名された。

プルードン：1809〜65。貧しい家庭に生まれ、印刷工となる。「所有とは盗みである」という表現が有名な著書『所有とは何か』は若きマルクスを感動させたが、後に決裂。

ハイネ：1797〜1856。「ローレライ」などで知られる。少年時代にフランス革命の思想にふれ、民衆の解放をめざす革命詩人となる。マルクスが創刊した『独仏年誌』にも詩を寄稿。

近頃みんな共産主義の話ばかりしているね
それから革命の話もな
私の雑誌でとりくんでいる議論の焦点になるテーマだ
独仏年誌
だが、うまくいっていない
独仏年誌
一文なしだ！
力を貸すよ！
おまけに、私の思想のせいでフランスを追放されてしまった
パリ・ノート
KM
カール・マルクス ユダヤ人問題によせて
マルクス ヘーゲル法哲学批判序説
一体どこに行けばいいんだ？
ベルギーだよ！
社会主義の活動家たちがいる！

1845年、愛する家族とブリュッセルにやってきた
私は父の遺産の一部を相続した
ヘレーネというメイドもいる。本物のブルジョワみたいだ！
だが、ゆとりのある生活というわけにはいかない
ぼくも貧乏インテリになることに決めたよ！
ちょっとばかりインチキだが
親父がささやかながら金を送ってくれるのさ
工場はおしまいだ！
もう仕事なんかしない
ああ何たる喜び、仕事から逃げられた！
私も哲学から逃げたい
哲学者のフォイエルバッハ、バウアー、プルードンたちは間違っている
彼らは世界を解釈しているだけだ。大事なのは世界を変革することなんだ

ブルジョワ階級：マルクスは『共産党宣言』の中で、ギルド的経営から工場手工業に、さらに産業革命の進展によって近代的大工業がうまれたとし、「ブルジョワ階級は発展し、その資本を増大させ、中世から存続してきたすべての階級を後景へと押しやった」と述べた。こうしてブルジョワ階級は昔からある民族的産業を否定し、たえず生産を拡大しようとして「あらゆる地域の生産と消費をコスモポリタンなものにしていく」とした。

ヴァイトリング：1808～71。仕立て職人としてヨーロッパ諸都市を渡り歩いたのち、様々な蜂起に参加。マルクスとは革命論をめぐって対立し、アメリカで労働運動を展開。

ヘス：1812～75。1841年ごろにマルクスと出会い、『ライン新聞』の創刊にも加わった。ドイツで最初の社会主義者だが、観念的だとしてマルクスからは批判された。

アンネンコフ：1813～87。ロシアの回想記作家として知られ、ゴーゴリやツルゲーネフらと親交があった。1850年代以後は穏健派として文学の政治性を強調する立場とは距離をおいた。

国際的な地下組織：「共産主義通信委員会」はマルクスがヴァイトリングらを除名したことで停滞し、1847年にロンドン義人同盟と合同し、「共産主義者同盟」が結成された。労働者階級の最初の国際的な革命組織で、右頁の『共産党宣言』は、この組織の綱領文書としてマルクスが執筆したものである。なお最後の「万国のプロレタリアよ、団結せよ！」は有名な一節だが、監修者の『新訳　共産党宣言』（作品社）では当時の国家形態を考えて「あらゆる地域のプロレタリアよ、団結せよ！」と訳している。

共産党宣言
我々には
綱領が必要だ
ほら！
１週間で
書き上げ
たぞ！
この文章には我々の思想が詰まっている
共産党
宣言
真の「反逆の聖典」になって
何億もの
人々が
読むだろう！
ヨーロッパに亡霊が出る――
共産主義という亡霊である
これまでのすべての社会の歴史は、階級闘争の歴史である
今日の社会は敵対する二大陣営に分かれていく。ブルジョワ階級とプロレタリア階級だ
政治権力は、一つの階級が他の階級を抑圧するために組織される
万国のプロレタリアよ、団結せよ！

エンゲルスと私は、闘争領域の拡大につとめた！フランスでも、ドイツでも、その火が燃え広がるように、我々は火花に息を吹きかける！
フランス国王ルイ・フィリップは退位し、オーストリアの首相メッテルニヒは辞任した
だが、良きことには終わりがある
新ライン新聞
ルイ・ボナパルトのブリュメール18日
フランスにおける階級闘争
鎮圧の時が告げられた
おっと！
革命よ、死ぬな。生きるんだ！
…
私は孤独だ。それに不安だ。エンゲルスからの便りもない
新聞の発行と武器の購入に金をつぎ込んで
一文なしだ

1849年
私はドイツからもフランスからもベルギーからも追われた
イギリスへ向かおう！
TIMES LAUNDRY
FLAT TO RENT
TEAS
英語はあんまり上手くないんだ
貸家
大人数の家族に、たった一部屋のフラットしか借りられなかった
次男のギドーが肺炎で死んだ
何てことだ…
払えないなら出てってくれ！
TIMES LAUNDRY
請求書
助けにきたぞ！
エンゲルス！
生きてたのか！
マンチェスターの親父の工場で働くことにしたんだ
資本家の牙城でトロイの木馬になるよ！

ぶるぶる…
気落ちしてる場合じゃない。
人類のために働くぞ！
BAM!
私は新聞の発行を続ける
新ライン
新ライン新聞
新ラ
新ラ
だが読者はいるのか？
並行して
共産主義者同盟
を再建する
辛抱強く革命を
準備しなければ！
ストライキ
クーデター
ロンドンでは
自由に話せるな
気をつけろ。
ヨーロッパ
大陸から来た
スパイがいる
だが賛同者はほとんど集まらなかった
イギリスは世界の工場だ。
経済成長の勢いが強くて、
労働者たちは抵抗しようとしない

＊マルクスとヘレーネの子供、フレデリック・デムートは里子に出された。

また文なしだ。
プチブルの極貧状態で
首が回らない
あまりの
寒さに…
娘のフランツィスカが亡くなった
棺桶を買うための金を
くれたのは隣の住人だった
3年後……
今度は最愛の息子エドガーの番だった
そのうえ歯も痛むし、
目や肝臓も悪い
さいわい、愛しい
娘たちがいてくれる
パパ！　日曜だから
ピクニックに行き
ましょうよ！

大英博物館の図書館ですごす一日がまた終わった
仕事をするのにこんなすばらしい場所はない!
ここは暖かいし、静かに読書もできる
私は本をむさぼり食い、歴史という肥溜めの中に全く違った形で再び吐き出すよう運命づけられているんだ
経済の法則を明らかにする本を書く準備をしよう
この世界では、あらゆるものが売り買いされる
資本家は自分の首をつるす縄まで売ろうとする
残念だが、私には買えそうもないね。貧乏すぎて…
いまだかつてこれほど金がないのに、金について書いたやつはいなかっただろうな！

疎外：人間が生み出したもの（商品、貨幣など）が逆に、人間を支配してしまうような力として現れる状態をいう。ヘーゲルの『精神現象学』からマルクスが継承した概念。労働者は自分の持つ労働能力を商品として販売し、雇用者はそれを使った生産活動から得た利益の一部を賃金として支払う（賃労働）。労働者は労働能力を販売するのも雇用者を選ぶのも一見自由だが、内実は雇用者の言いなりに従属的立場におかれ、ものを作る主人ではなくなっていく。こうした状態をマルクスは「疎外」と呼んだ。

もしもイギリスを離れることになったら？
どうすればいい？私には国籍がない
なに！私は世界市民だ！
その証拠に、私はあらゆることに関心をもっている
あらゆることについて記事を書く
ロシア帝政の権力に抗する
ロシア
東方問題
スペイン
イギリスの政治
中国
記事を書きまくったおかげで収入が安定した
出版と報道の自由
司法の独立
イギリスのインド支配
アメリカにおけるストライキ
出版社を起こせたかもしれない
が、それには及ばなかった！タイミングよく妻が遺産を受けとった！
ディーン街のぼろ家ともお別れだ！
グラフトン・テラスの9番地に引っ越せる
4階建ての大きな家だ！
それに私は新たな経済恐慌を予測していた。ほら、来たぞ！
それは革命が近づきつつあることを示していた
ついに！

1857年　マンチェスター駅
マルクス！
また会えたね！
エンゲルス！
君の惜しみない
援助に感謝するよ！
できる限りの
金を送ったよ
それにしても今度の恐慌は
どうして起こったんだ？

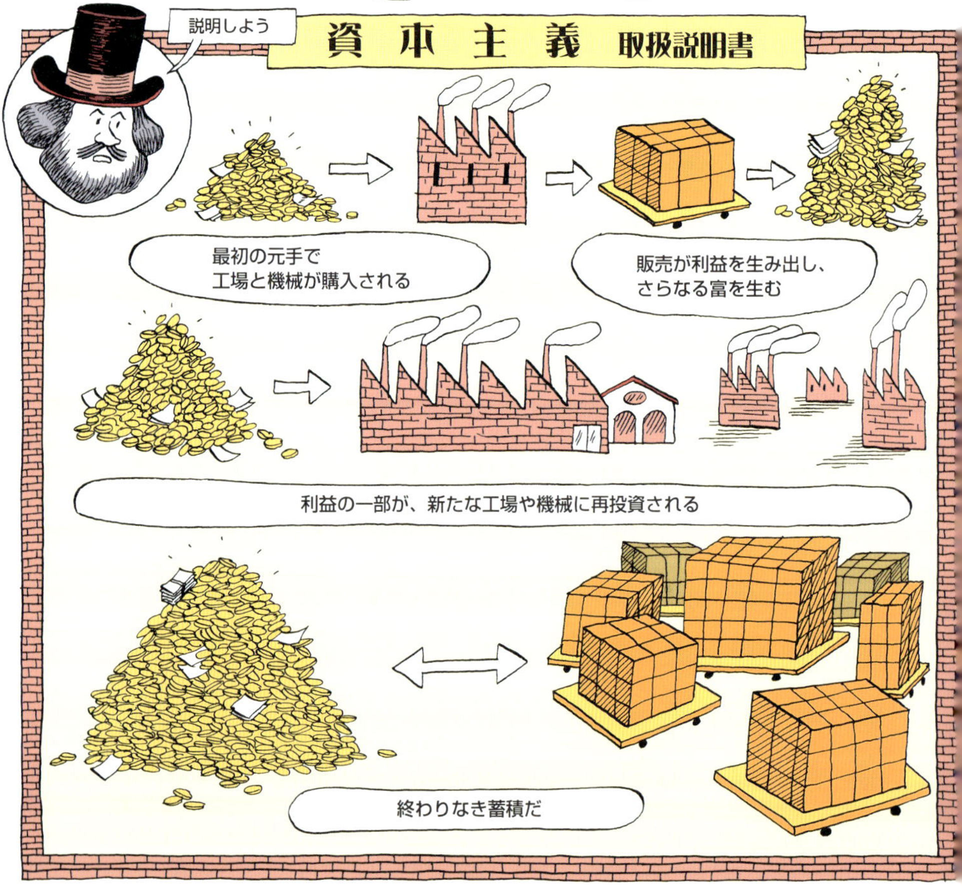
説明しよう
資本主義　取扱説明書
最初の元手で
工場と機械が購入される
販売が利益を生み出し、
さらなる富を生む
利益の一部が、新たな工場や機械に再投資される
終わりなき蓄積だ

だが、しだいにライバルが現れる
5個で1個の値段だよ！
そして利益が減ってくる
この状況に資本家は対処する
一番強いものが一番弱いものを買収する
機械化され、
移転し、
新しい商品を売り出す
だが、問題がある
高いな
俺の給料じゃムリだ
工場主は働いた時間にみあった賃金をくれない
俺は搾取されてる
だけど、どうしようもない。続けるしかないんだ

富はますます増えるが、商品を買う人は少ない
矛盾が革命に火をつける

この考えを
書いて
おこう！
資本主義が崩壊する前に
この本を書き上げたい
資本論
なに？　革命はナシだと？
資本
じゃあ私は何に奉仕すればいい？
資本論
おまけに、みんな私をユダヤ人とか
社会主義の寄生虫呼ばわりする
どうでもいい！　バルベスや
ラスパイユ、ブランキなんかの
極左連中よりも、蒸気や電気の
ほうがずっと革新的だ！
無能なやつらめ！
資本論
バカヤロー！
カール、大丈夫？
ああ、頭の中がちょっと
熱くなりすぎただけだ

パパ！早く来て！ピアノが来たわ！
どこに置きましょう？
入るところがないわ
ここだ！
芸術や音楽は資本主義の推進力に作用するだろうか？
疲れているようだ。生産性が落ちてる
パパ！本を読んで！
わが家の家計のほとんどは長女ジェニーと次女ラウラ、末娘エリノアの教育費に消えている
私立の学校は金がかかる
娘たちには悪い友だちとつきあってほしくないんだ！
私のお姫さまたちほど美しいものはない！

貧しい生活は何年も続いた
チャリン
チャリン
『ニューヨーク・デイリー・トリビューン』からの原稿依頼もなくなった
私は金をかせぐ機械になってやろうと思った
鉄道会社に働き口を求めたが、面目ない結果に終わった
誰も雇ってくれない
君の書く字がひどすぎるんだよ！
折よく二つの遺産がまた転がり込んだ
1864年
私たち一家はモデナ・ヴィラズに引っ越した
家賃はえらく高いが、前の家よりブルジョワ的だ
人生がバラ色に見えた
私はアカじゃなくなった！

誰がランチに来たか 当ててごらん？
ん〜、ドイツ社会主義の 指導者ラッサールかしら。 まったくしつこい人！
はずれ、エンゲルスさ！
わ〜い!!
カール、最近どうだい？
まさに再び行動を起こすべき時だ
じゃないと、我々はブルジョワ化してしまう
リーン！ リーン！
誰かな？ ヘレーネ、ドアを開けに行ってくれ！
どうぞお入りください
友よ！ かけてくれたまえ！
活動家たちとは英語やスペイン語、フランス語で話しているんだ
そしてロシア語も勉強中
ツルゲーネフにシェイクスピア バルザックにセルバンテス… 我々が文学談義をしたかだって？
甘ったるいバラを片手に 革命なんて起こせやしない！

ヨーロッパの労働組合の革命家たちがロンドンに集結します
ドイツ人労働者の代表になられてはいかがですか？
う～む…私には書くべき本がある
資本家たちを窮地に追いこむ本が……
何やらきな臭いしな！
だが、行動への欲望は強し！ロンドンへ行くぞ！
1864年
国際労働者協会
プロレタリア万歳！
我々は労働者の国際組織だ！
革命を！
改革だ！
協同組合を！
我々には宣言と協会の規約が必要だ
私が引き受けよう！
全員を合意へ導く文章が必要だった
これだ！
バン！

マルクスの文章は革命的すぎる！
いや！
改良主義的だ！
譲歩するよ。
賛成票を投じよう
なるほどね
そうだ
表面上は
穏やかだが、
本質的には
大胆な文章
なのだよ
委員会に
討論会…私は
国際労働者協会（インターナショナル）
での重要な決議をすべてうまく誘導した
姿はほとんど見えなくても、
本当のボスは、私だ
集会が多いね
でも君の仕事を
忘れちゃだめだぞ
原稿の
執筆は
夜にして
いるんだ
それが
『資本論』だ！

ビビ：ビスマルク（1815～98）の愛称。ビスマルクは当時プロイセン王国の首相で、その後フランスとの普仏戦争を勝利に導き、1871年にはドイツ統一を達成。ドイツ帝国の初代宰相となる。ドイツ統一に向けた軍備拡張について、「現在の問題は鉄（武器）と血（兵士）によってのみ解決される」と演説したことから、「鉄血宰相」の異名をとる。

リーン
リーン
はい？
ポール・ラファルグという者です
フランス支部の代表です。フランス支部は発展していますよ！
ようこそ、若者よ！
私のあとを継いで闘争を続けてくれる者を育てなければ！
入りたまえ。語り合おうじゃないか
ああ、インターナショナルのことだが、ご存じかな？
社会改良主義者やプルードン主義者、
無政府主義者にユートピア論者、それに
社会主義者同士の争いを
娘のラウラを紹介しよう
ラウラと姉のジェニーは私の大切な支援者だ

資本論第1巻　1867年

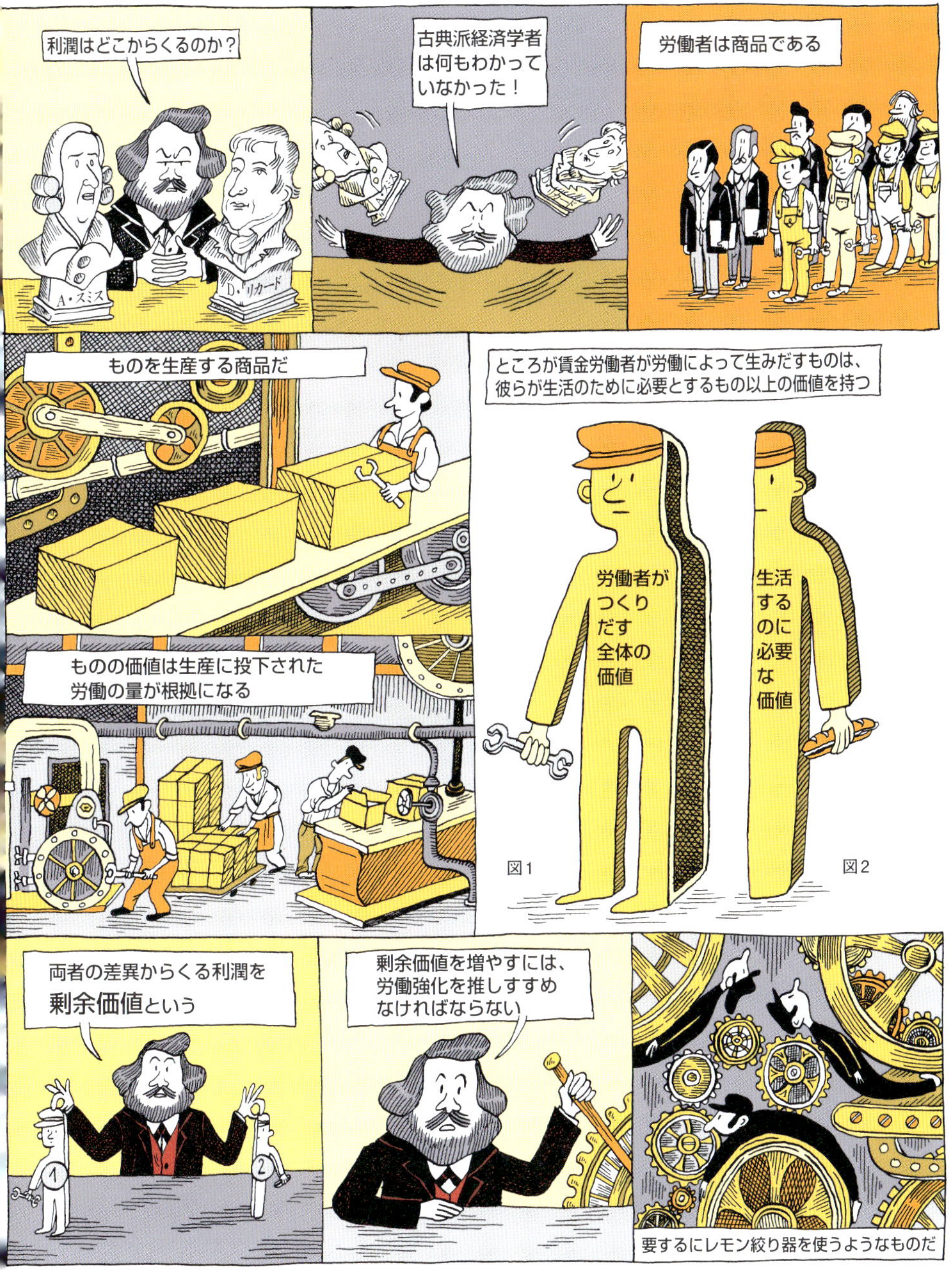

利潤はどこからくるのか？
A・スミス
D・リカード
古典派経済学者は何もわかっていなかった！
労働者は商品である
ものを生産する商品だ
ものの価値は生産に投下された労働の量が根拠になる
ところが賃金労働者が労働によって生みだすものは、彼らが生活のために必要とするもの以上の価値を持つ
労働者がつくりだす全体の価値
生活するのに必要な価値
図1
図2
両者の差異からくる利潤を剰余価値という
剰余価値を増やすには、労働強化を推しすすめなければならない
要するにレモン絞り器を使うようなものだ

インターナショナル事務局
インターナショナルの第2回大会を準備しているところだ
ああ、ラファルグ！
インターナショナル
お嬢さんのラウラと結婚したいんです
そうだな。君には知性があるし、エネルギッシュだ
だが、君の経済的な立場はどうなんだ？
両親は裕福です
それはいい！
なぜなら家族を養い、革命をするということは…
ふ～！
これは私の経験から言うんだが、
金銭的な心配がついてまわる
結婚するまでは節度をわきまえるように！
えーと、シャルル・ロンゲを紹介します。逃亡中のフランス人ジャーナリストです
それはいいタイミングだ。厳しい闘争を率いてくれる闘士が必要なんだ！

新聞記事の
要約が来たぞ！
ロシア帝政の圧制に反乱を起こした
ポーランド人たち、万歳！
ロシアは
農奴制を
廃止した！
アメリカでは
奴隷制度廃止だ！
エイブラハム・リンカーン万歳！
その間もヴィクトリア
女王はあいかわらず
拡大し続ける植民地
帝国に君臨している
資本家にとって帝国主義とは、
植民地世界へ搾取を広げる
ことで利潤率の低落に
対処する手段なのだ
どうだ、
マルクス
っぽい
だろ！
ああ、だが
社会改革に賃上げと、
イギリスの労働者の
状況は改善している
それにヴィクトリアは
我々の活動など
気にもかけちゃいない！

リープクネヒト：1826～1900。1848年に起きたドイツ三月革命に参加した後、亡命。ロンドンでマルクスと出会い、一貫して師事する。69年、盟友のベーベルらとドイツ社会民主労働者党（後のドイツ社会民主党）を結成。

ベーベル：1840～1913。旋盤工の職人として組合活動に従事。リープクネヒトに感化されてマルクス主義者となり、第１インターナショナルに参加。ドイツ社会民主党において指導的役割を果たす。

1時間後にシャルル・ロンゲが来るわ
総評議会の準備のためにか？それとも…
おまえのご機嫌をとりにか？
トマトみたいに顔が真っ赤だぞ
家主さんから矢の催促だわ！
家賃を3か月滞納してるのよ
また新たな借金か…
それに体の調子が悪い
ドイツとフランスへ密入国した旅のせいで疲れたのよ
私はいたる所で入国禁止になってるからな
あなたのイギリス国籍の申請は？
許可は下りんよ、金輪際！
私の病気の悪化は資本主義のせいだ！
ブルジョワどもにはやつらが滅びる日まで、私の吹き出物*のことを忘れないでほしいものだな！

吹き出物：ストレスのせいか、マルクスは生涯、吹き出物に悩まされた。その原稿にも、つぶれた吹き出物から飛び散った血の跡が残っている。

不変資本（C）と可変資本（V）：工場設備や機械、原材料などは生産過程でその価値の大きさを変えず、価値を生産物に移転するだけなので、「不変資本」と呼ばれる。これに対し、労働力は生産過程で自らの価値を超えるもの（剰余価値）を生産するので「可変資本」と呼ばれる。なお、不変資本と可変資本を合わせた投下総資本はKと表記される。

1870年7月19日
WAR
イェニー！
ナポレオン3世がプロイセン
に宣戦布告したぞ！
戦争
すぐにパリを離れるよう、
ラウラとポールに手紙を
書いてくれ！
戦争
インターナショナルに告ぐ
この紛争についての態度を
表明したい
ドイツの領土拡張主義を
打倒せよ
プロレタリアは絶対に、この
紛争に介入するべきではない
独仏両軍は真っ向からぶつかり、
ついにフランス軍が倒れた
だが、パリは侵略軍に
抵抗しているな
WAR
パリの人たちを助けに行ってくる
ばかを言うな！
WAR
エンゲルス！　君はヨーロッパ中の
警察にマークされているんだぞ！
この戦いは
あまりに準備不足だ
錐もみ状態で転落する
運命にある

パリの街は沸きかえっていた
我々は降伏しないぞ！
コミューン万歳！
こんな騒ぎを続かせるわけにはいかない
反乱を鎮圧しなければ。頼むぞ、ティエールくん
親愛なるビスマルク首相閣下。邪魔立てしているのはカール・マルクスです
カール・マルクスのせいだ！
カール・マルクスだ！
MARX
こうして私は体制打倒の世界的スターになった
だが、そんなことは無意味だ
社会主義革命達成の日もまだなら、『資本論』も書き終わっていない

パリ・コミューンは数週間しかもたなかった。
アドルフ・ティエールの兵士たちに無残にも鎮圧されてしまった
天にまで攻めこむ勢いの民衆は見事だった
我々の雄々しき同志たちは徹底的に戦ったわ
マルクス フランスの内乱
だが時間の無駄だった。プロレタリア独裁を樹立しなければならなかったのに…
マルクス フランスの内乱
初めから無駄だったんだ。パリの流れに地方が続かなかった
だが、これは労働者の権利についての最初の試みだ
来たるべき革命にとって一つのシンボルになるだろう
その間にビスマルクはドイツ統一を成しとげた。いずれまた戦争が起きるだろう
「さくらんぼの実る頃*」は一体いつ来るんだ？

「さくらんぼの実る頃」：はかない恋の悲しみを歌ったフランスの歌のタイトル。さくらんぼの実る５月に虐殺によって短命に終わったパリ・コミューンを重ね合わせ、第三共和政に批判的なパリ市民によってさかんに歌われた。

インターナショナル
これからどうすればいいんだ？
プロレタリア独裁っていうのはどうなんだ？
暴力を擁護するのか？
ありえん！
我々イギリスの組合活動家は失礼させてもらうよ！
バタン！
だんだん人数が少なくなるわね
驚くほどのことじゃないよ！パリでの虐殺に、ドイツ、オーストリア、ロシアでの反乱鎮圧があったんだ
インターナショナルは虫の息だな
私も疲れた
さてと…
政権を奪取するために、共産主義政党をつくるぞ！
インターナショナルの本部を移転しよう
ニューヨークへ！
!?
無政府主義者たちに任せずに計画を阻止するにはいい手段だろ

持つべきか持たざるべきか?
所有は、人を愚かで
偏狭にしてしまう
俺のだ！
いや、俺のだ！
共産主義社会は貨幣を廃止する！
それから私的所有もだ！
よし、おまえのケーキと交換してやるよ
取引成立だ！
財産は共同で管理する！　隷属状態での労働の終わりだ。
階級なき社会！
もう生きるために他人と競い合う必要はない。
人は能力に応じて働き、必要に応じて受けとる。
愛、物々交換、そして連帯
USINE
必然性の国から
自由の国へと変わるのだ
闘争の終わり、
それは歴史の終わりだ！
いま何が起きてんの？
何にも
神なきパラダイス？ハッパでもやったのか、マルクス爺さん？

パリ・コミューンの闘士たちがロンドンにやってきた
中に入れてやろう
ロンゲ！
生きてたのか！
よかった！
みんなが彼らのことを心配している
助けてやろうじゃないか！
急いで連絡をとってみよう
ヴァイヤンを雇ってくれる会社を見つけたよ
君は偽名で雇われることになる
私はセライエのために空き部屋を見つけたわ
…
エ…エリノア・マルクスです
ジャーナリストで闘士のリサガレーです
パリでは最後のバリケード戦でも闘いました
I AM A HERO !

パリ・コミューンの亡命者は私の役にたってくれそうだ
一人はみんなの、みんなは一人の、つまり私のために！
エリノア、リサガレー、私の文章を訳してくれ
よろこんで！
辞書
私の本はだんだんと読まれるようになり、ようやくいくらかの印税が入ってきた
カール・マルクス
経済学批判
カール・マルクス
資本論
マルクス/エンゲルス
ドイツ・イデオロギー
マルクス
フランスにおける階級闘争
K.マルクス
ルイ・ボナパルトのブリュメール18日
マルクス～エンゲルス
～共産党宣言～
マルクス
本は何か国語にも翻訳された
『資本論』をロシア語に翻訳したいのですが
お望みならどうぞ
しかしロシアで革命は無理でしょうな
あまりに低開発国ですからな
社会主義は資本主義のあとにやってきます。ロシアはまだ無理だ
皇帝の検閲官は出版を許可しました
いわく「誰にも、何もわからないだろう！」と
ハ！
ハ！
ハ！

1848年もの：1848年は、フランスで国王ルイ・フィリップを退位させた二月革命が起こった年。なお、このワインをめぐる言葉は「あなたにとっての幸せは」と聞かれた際に、エンゲルスが答えたものとされている。

ドイツ社会主義者の統一：ベーベルらのドイツ社会民主労働者党が、ラッサール派と合同したことを示している。送られてきた綱領案に対し、ラッサール派を日和見主義者とみなしていたマルクスが批判した文書がのちに『ゴータ綱領批判』として出版されている。

ジュール・ゲード：1845～1922。パリ・コミューンを熱烈に支持する新聞記事を書いたことで罪に問われ、亡命。帰国後、マルクスの娘ラウラと結婚したポール・ラファルグらとフランス労働党を結成、マルクス主義の普及に努めた。

私は喉と肺を患った。
結核だ
ゴホ！
ゴホ！
イェニー…
カール…
私、もう
ダメかも
しれないわ
さよなら
妻なしで一体
どうすればいいんだ
『資本論』の
第2巻と第3巻を
書きあげなければ…
やるべきことは
まだたくさんあるな
私が引き受けるよ
パパ！
1883年3月14日
エリノア…お父
さんは亡くなった
もっとも偉大な思想家が
思索を止めました
KARL MARX
彼は愛され、そして憎ま…
万国の労働者よ、
団結せよ
カール・マルクス
その名と著作は
彼の死後も生き続けている

カールは死んだ。
私が『資本論』の編集を終わらせて
出版しなければならない
世界に
激震が走る
だろう！
1885年
資本論
第2巻
1894年
第2インターナショナルの
集会が各地で開かれているが、
疲れ果ててしまった
資本論
第3巻
第2巻
1895年8月5日、
フリードリヒ・エンゲルスは死んだ
マルクスの遺稿は
貴重だぞ！
マルクスの
草稿はドイツに
渡されるべきだ！
いや、ロシアだ！
我々には
理論の基盤が
必要なんだ！
もうすぐ革命
だからな！

Revolucion
RÉVOLUTION
1945年
революция
Rivoluzione
1917年
評議会
1949年
革命
中央委員会
1959年
連帯
共産党
平等
私がまいた種は芽をだした。プロレタリアは状況を改善するために闘った。ついに革命だ！

20世紀、共産主義者はロシア、東ヨーロッパ、中国で政権をとった。
そこから良いことも生まれたが、悪いこともたくさん起こった
EPICERIE
私の自由の理想は
ゆがめられて
伝わってしまった

1989年
そして、ベルリンの壁が崩壊した
共産主義は
時代遅れになった
だが、資本主義の
ほうだって
不調だ
何ですと？
われは買う
故にわれあり！
こんなふうに
人間が生きているん
じゃないかね？
だが消費者が
そう欲しているんだ！
すべてが利己的な
計算という冷たい水の
中に落ちてしまった
健康売ります
学校
売ります
大セール
広告のご案内
きれいな
空気
売ります
水売ります
人と財は
需要と供給の
法則によって最適に
管理されているよ
森、売ります
労働者たちへの
締めつけは厳しく
なっている
だが前よりは
恵まれてるじゃないか。
自分の家も買えるし、
快適に暮らせる

人々の搾取、天然資源の開発は とどまるところを知らない
新たな マーケットだよ！ 新たな 挑戦だ！
常に多くを求める！
だが、バブルはいずれ崩壊する
景気の過熱は経済の一局面さ。そのうち収まる
2008年の経済危機は深刻だったな。マーケットへの信仰が損なわれた
工場閉鎖反対！
ばかばかしい…
資本主義に代わるものはないんだ
たくさんの失業者たち…資本主義に投入される予備軍が増えている。これが結末なのか？
求人 検索結果。
失業者たちが自分で会社をつくればいいだろう

プロレタリアよ、組織せよ！時は来た！
もう誰も革命なんか信じてませんよ
それはどうかな…

闘いは続く！
勝負だ！強者に勝利を！
終わり？

闘い続ければ、わかる!

マルクスは死なない

的場昭弘

ベルリンの壁の崩壊、ソ連の崩壊の後、資本主義は順風満帆に見えた。1990年代、社会主義国や後進国の市場をこじ開けることで、資本主義は急に息を吹き返したかのように発展していった。しかし、実際はありあまった資本と商品を世界中にばらまくことで、経済成長を短期的に促進し、国家の富をむさぼり、労働者を搾取《さくしゅ》し、一気に資本家の収入を引き上げるという政策にすぎなかった。その結果、経済は成長したが、所得格差は一気に拡大し、国家は借金まみれとなり、資本主義は「貧困」という問題に再び悩むようになった。

そんな中マルクスの名前が、再び注目されるようになったのだ。資本主義の経済構造を鋭く分析し、それが常に矛盾をもつものであることを明確に示したのが『資本論』である。だからこそ、『資本論』はいまだに読まれ続ける内容をもった書物なのである。そしてその著者であるマルクスも、歴史の中に葬り去られたわけではなかったのである。

本書は、マルクスの人生を語る漫画マルクス伝である。資本主義を批判するには『資本論』を理解しなければならない。そしてその『資本論』を理解するには著者マルクスを理解しなければならない。本書は、マルクスの65年の人生を上手にまとめているだけではない。ソ連崩壊、社会主義崩壊の後、「マルクスを読む意味があるのか」という問題にも答えてくれる書物である。マルクスが19世紀に遭遇した問題を、現在の社会から振り返り、われわれを叱咤激励《しったげきれい》してくれる本である。現在に蘇ったマルクスが、資本主義社会の今の悲惨さを見て、自らの予想が間違っていなかったことが最後で示される。そしてマルクスは、「プロレタリアよ、組織せよ！」と、『共産党宣言』の言葉とよく似た言葉を吐くのである。

マルクスの生活を見た読者は、ある意味マルクスという人物のブルジョワ的感覚に驚くかもしれない。マルクスは、労働者階級の出身ではない。マルクスの友人エンゲルスなどは、資本家である。もちろん読者は、こうした人物に資本主義を理解することなど可能か、などと問いかける必要はない。むしろ逆説だが、労働者ではなかったがゆえに、資本主義の運動を客観的につかむことができたと考えるべきだろう。

　マルクスが『資本論』を書くために、エンゲルスという友人の存在がいかに大きかったかも知る必要がある。エンゲルスこそ、マルクスのブルジョワ的生活を支え、いつ完成するともわからない『資本論』を陰で支えたのである。一方のマルクスも、こうした金銭的支援のおかげで、お金を稼ぐ必要もなく、ひたすら研究に没頭できたのである。

　もちろん金銭的支援を当然のものと考えるマルクス独特の過度の自信も見逃すことはできない。学問には王道はなく、こつこつと刻苦勉励《こっくべんれい》に励んだものだけが頂上を極められるのだ。それには確たる自信をもつことが必要だ。子供の死、あいつぐ追放と亡命、家庭の不和、病気などに打ち勝つには、たんにお金があればいいというものではない。人生をそれに投げ出す勇気と信念も必要である。

　さらに、こうした苦しみにたえるには家族をはじめとした周りの人々のマルクスへの暖かい眼差しも重要である。マルクス家のブルジョワ的生活は、皮肉だが数々の亡命者の命を助けたのだ。マルクスもその妻イェニーも、お金には無頓着であり、平気で貧しい亡命者たちにお金を与えた。そうした心の広さも、ある意味マルクスの周りに人々を引き寄せ、彼の学問的な孤独感をやわらげ、死後にその名を留める力を与えたともいえる。娘たちもそうした亡命者と結婚し、運動に身を捧げた。

　ひと昔前のマルクス伝は、マルクスという人物を英雄化し、清廉潔白に描くのがつねであったが、この本はマルクスをそうは描いていない。マルクスは茶目っ気があり、女性に弱く、でしゃばり屋の人物として描写される。その性格こそ、彼の資本主義批判を極度に感情的なものにしていない理由かもしれない。資本主義の文明化作用を認めながら、その最終的な矛盾はしっかりと見るという彼の態度こそ、ソ連のようなマルクス主義を標榜《ひょうぼう》していた国がなくなっても、マルクスの書物を時代遅れにしない魅力の源泉である。「私はマルクス主義者ではない」という彼の率直な言葉こそ、彼の著作がいつまでも読まれ続ける理由であろう。

作●コリンヌ・マイエール

1963年、スイス・ジュネーヴ生まれのエッセイスト、精神分析家。会社、という組織を辛辣に考察した『怠けものよ、こんにちは』（ダイヤモンド社）はフランスで50万部のベストセラーに。『高校生からのフロイト漫画講座』（小社刊）に続いてアンヌ・シモンとコンビを組んで、知の巨人の足跡をユーモラスにたどったのが本書である。

画●アンヌ・シモン

1980年、フランス生まれ。アングレーム美術学校とパリ国立高等装飾芸術学校で学ぶ。2004年、アングレーム国際漫画祭で「若い才能」賞を受賞し、2006年、初のコミック作品『冥府のペルセポネ』（日本語版なし）を出版。前著は「まるでフロイトの脳の断面図を見るかのようだ」と、その独創的な描線と彩色を絶賛された。

監修・解説●的場昭弘

1952年、宮崎県生まれ。慶応大学大学院経済学研究科博士課程修了。現在、神奈川大学経済学部教授。著書に『一週間de資本論』（日本放送出版協会）『超訳『資本論』全3巻』（祥伝社新書）『マルクスだったらこう考える』（光文社新書）など。

高校生からの

マルクス漫画講座

二〇一五年六月二十日　第一刷発行

原作　コリンヌ・マイエール

漫画　アンヌ・シモン

訳者　中島香菜

監修・解説　的場昭弘

装幀　アルビレオ

発行者　首藤知哉

発行所　株式会社いそっぷ社

〒一四六―〇〇八五

東京都大田区久が原五―五―九

電話　〇三（三七五四）八一一九

印刷・製本　シナノ印刷株式会社

ISBN978-4-900963-66-5　C0095

定価はカバーに表示してあります。